AF371006

DECLARATIONS 54
DV ROY SVR
les Edicts des Duels, portants confirmation & augmentation d'iceux.

Publiées en Parlement le dix-huictiesme iour de Mars 1613.

A PARIS,

Par F. MOREL, & P. METTAYER,
Imprimeurs ordinaire du Roy,

M. DC. XIII.

Auec Priuilege de sa Maiesté.

DECLARATION DV ROY
SVR LA DEFENSE
des duels.

LOVIS par la grace de Dieu, Roy de France & de Nauarre : A tous ceux qui ces presentes lettres verront, salut. C'est auec vn extreme regret & desplaisir que nous voyons iournellement nos Edicts & Ordonnances faits sur les querelles, duels, combats de rencontre, & autres, si peu gardez & obseruez, & contre les intentions tressainctes du feu Roy nostre tres-honoré seigneur & pere (que Dieu absolue) & les nostres, Nos subiects

se porter auec presque autant de li-
cence que par le passé ausdits duels,
combats, appels, recherches & rencontres. Ce qui passeroit plus auant
au mespris & tresgrand preiudice de
nostre authorité, & viendroit à vne
pure & ouuerte desobeissance, s'il
n'y estoit promptement & serieuse-
ment pouruen. C'est pourquoy nous
sommes resolus par le bon aduis &
prudent conseil de la Royne Regente nostre tres-honorée Dame &
mere, d'y remedier en sorte, que
coupant le mal en sa racine, nos su-
jects en reçoiuent le fruict que nous
desirons, & que nostre conscience
en demeure deschargée. Mais comme nous ne le pouuós faire auec plus
de precaution & meilleur ordre que
ce que nostredit feu seigneur & pere,
par ses Edicts de l'ã mil six cés deux
& neuf, en auoit statué & ordonné,

& ce que depuis à fon imitation, &
pour l'effect de fes volontez & refo-
lutions nous en auons determiné,
tant par nos lettres de declaration
du quatriefme Octobre, mil fix cens
dix, que du premier iour de Iuillet,
mil fix cens vnze, Nous n'auõs main-
tenant qu'a pouruoir, en les confirmant, à vne plus feuere & certaine
punition des contrauentions & def-
obeiffances qui s'y font, & à retran-
cher toutes fortes d'excufes, recom-
mandations, fupports & faueurs, lef-
quelles nous recognoiffons non fans
grande charge de confcience auoir
efté recherchés pour eluder les iuftes
chaftimés de ceux qui iufques à pre-
fent tõbez en telles fautes n'en ont
efté punis cóme il appartient. Pour
ces caufes apres auoir faict voir dili-
gemment & fort foigneufement en
noftre Confeil, la Royne Regente

noſtre treſ-honoree Dame & mere preſente, y aſſiſtās les Princes de noſtre ſang, autres Princes, & les Officiers de noſtre Couróne & plus notables de noſtredit Conſeil eſtans pres de nous, tous leſdits Edits & Declarations tant de noſtredit feu Seigneur & pere, du mois d'Auril, mil ſix cens deux, Iuin mil ſix cens neuf, & nos declarations confirmatiues d'iceux deſdits quatrieſme Octobre, mil ſix cens dix, & premier iour de Iuillet mil ſix cens vnze:

Auons derechef dit & ordonné, & declaré, diſons, ordonnons & declarons par ces preſentes ſignees de noſtre main, que le tout aura lieu: ſera derechef à ceſte fin leu & publié en nos Cours de Parlement, & par toutes nos Iuriſdictions de l'eſtenduë & reſſort d'icelles, & meſmes en noſtre Court & ſuitte. Sans que pour l'aduenir aucuns de nos sujets , de quelque qualité ou condition & recommandation qu'ils soyent puissent esperer d'estre par nous, comme nous ne voulons & entendons qu'ils puissent estre par d'autres, dispensez & deschargez de la rigueur, effect, & execution entiere & absoluë de nosdits Edits & Declarations. Et pour en oster les moyens, & faire perdre toute esperance de pouuoir obtenir chose quelconque de nous qui y contreuienne, Nous pour nostre entiere descharge deuant Dieu, & les hómes, & celle de ladite Royne Regéte nostre mere, & pour l'acquit commun de nos consciences, Declarons auec ferme & irreuocable resolution , Que nous voulons & entendons doresnauant maintenir & conseruer lesdits Edits, & Declarations en leur entier, enuers

tous, sans acception ne exception
de quelque personne, merite, ou autre consideration fauorable que ce
soit, les faire suyure, garder, & sortir
leur plain & entier effect, selon leur
forme & teneur, dans l'estenduë de
de nos Royaumes, pays & terres de
nostre obeyssance, sans ores ne pour
l'aduenir aller ne venir ou faire chose quelconque de nostre part à l'en-
contre d'iceux, ni permettre, ne
souffrir qu'il y soit des-obey, contreuenu, ou attenté directement
ou indirectemēt pour quelque cau-
se & pretexte, & par quelque persō-
ne que ce soit. Laquelle nostre resolution & determination, voulons &
ordonnons estre notoire à tous lesdits Princes de nostre sang, ou autres
Princes & Officiers de nostre Couronne, de nos Cours de Parlemens,
& autres nos Officiers, seruiteurs &
sujets,

sujets, & que nous ne voulós, & n'été-
dós desormais accorder ny octroyer
& estre expedices, deliurees ou in-
terinees graces, pardons, abolitions,
remissions , & descharges aucunes
des des-obeyssances ou contrauentions ausdits Edits & Declarations,
à ce que l'on soit hors de toute esperance de les obtenir de nous : & aucuns ne soient si ozez que de nous
en rechercher, pour quelque proxi-
mité, obligation, ou autre recommandation & fauorable considera-
tió qu'il y ait. Ce que nous leur auós
dés à present defendu & defendons,
& de ne prier, interuenir,& se rendre
mediateurs & intercesseurs pour ce-
la enuers nous & nostredite Dame
& mere, sur peine d'encourir nostre
indignation. Leurs faisans les mesmes defenses tres-expresses de reti-
rer, receler en leurs maisons ou au-

tres lieux, aucuns des contreuenans,
leur donner quelque retraite, support & assistance que ce soit, ains au
contraire leur enioignôs sur les susdites peines, de les accuser, deferer:
sur tout de les mettre és mains de la
Iustice, s'ils en sont requis par les Officiers d'icelle, & donner l'ayde, for-
ce & assistance pour ce faire, s'ils se
trouuent en lieu qu'ils le puissent. Et
pour d'autant plus aduancer & faci-
liter l'effet desdits Edits en suitte &
execution de ce que nostredit feu
Seigneur & Pere a particulierement
ordonné par celuy du mois de Iuin,
mil six cens neuf, Ceux qui auront
receu quelque offense ferôt leur deuoir dans vn mois apres ladite offé-
se receuë de former leur plainte, &
de se pouruoir pour la reparation
d'icelle pardeuant noschers & bien
aymez Cousins les Connestable &

Mareschaux de France, au autres des
Iuges pour ce ordonnez & establis
par ledit Edit, autrement ledit temps
d'vn mois passé, lesdites parties of-
fensees ne pourront estre iugees par
eux, ains seront tenus de se pouruoir
& subir iurisdiction pour lesdites offenses, Et pour ce qui pourra estre
depuis ensuiuy en consequence d'i-
celles, pardeuant les Iuges ordinaires
& par appel en nos Cours de Parlement. Et pour le regard des parties
que l'on pretédra auoir fait offense, si
apres auoir estédeuëmét appellees &
assignees en vertu de l'Ordonnance,
desdits Iuges establis par ledit Edit,
iusques à deux fois, elles defaillent,
elles seront iugees suyuant la rigueur
dudit Edit. Et seront pareillement
tenus se pouruoir & subir iurisdiction pour l'offense & querelle, &
pour tout ce qui en depédra, en nos-

dites iuſtices ordinaires & Cours de Parlement en chacune d'icelle, ainſi qu'il appartiendra, ſans que leſdits Iuges ordonnez par iceluy Edict en puiſſent plus prédre cognoiſsáce, laquelle en l'vn & l'autre cas nous leur auós dés à preſét pour ce expreſſémét interditè & defenduë, interdiſons & deſédós, à peine de nullité de tout ce qui ſe fera par eux au cótraire: Et icelle cognoiſſance attribuée, & attribuons à noſdits Iuges ordinaires, & par appel à noſdites Cours de Parlement, ſinon pour les cas qui ſuruiendront és villes meſmes où noſdites Cours ſont eſtablies, dont nous entendós qu'elles cognoiſſent directement. Leur enioygnant tres-expreſſemét de proceder contre leſdits defaillás en l'vn & l'autre deſdits cas, comme dit eſt, par les voyes, & auec la ſeuerité de nos Ordonnáces,

& d'en faire la Iustice sans support
ou acception de personne quelconque. Et à nos Procureurs generaux
& leurs Substituds esdites Iurisdictions ordinaires d'y tenir la main,
& de certifier par lesdits Substituds,
nosdites Cours de leurs diligences,
le plus promptement qu'ils pourrót,
selon la distance des lieux, & genera-
lement de trois mois en trois mois
les tenir aduerties de tout ce qui se
passera pour ce regard en l'estenduë
de leurs charges : Et ce sur les declarations qui en seront faictes par les
Iuges ordonnez par ledit Edict de
l'an mil six cens neuf, qui seront tenus, comme nous leur enioignons
aussi expressémét d'enuoyer ausdits
Substituts és Iurisdictions plus pro-
chaines des lieux où ils se trouuerót,
l'extraict des Registres qu'ils doiuét
faire de leurs Iugemens , portant

B iiij

comme ils auront declaré aux parties n'estre plus leurs Iuges. Voulons aussi, ordonnons & declarons estre indignes & incapables de pouuoir estre receus à plaintes, & d'estre iugez pardeuant nosdits Cousins, Gouuerneurs, ou Lieutenans generaux, pour querelles, offenses receuës, ou autre cas dudit Edict (ains seront poursuiuis & iugez en nosdites Iustices ordinaires, ou Cours de Parlement, par la mesme forme que les defaillans susdits) tous ceux qui auparauant que se pouruoir par les voyes susdites se seront sur leurs querelles & differends appellez ou attaquez par voye de faict: Et outre ce, seront ainsi que les defaillans susdits, priuez de leurs pensions s'ils en ont, & de tous offices, charges, & estats quelsconques: Et d'auantage, condamnez par nosdits Iuges ordi-

naires, & Cours de Parlement, auſ-
quels la cognoiſſance en eſt comme
dit eſt attribuée, ſelon la rigueur de
noſdits Edicts & Ordonnances, à
quoy ils procederont le plus diligé-
ment que faire ſe pourra. Et pour
leur oſter toutes occaſions de man-
quemens & retardemens, Nous entendons que les fraiz de Iuſtice ſoiét
prins ſur les biens deſdits defaillans
& contreuenans.

Si donnons en mandement à nos
amez & feaux Conſeillers, les gens
tenans nos Cours de Parlement, que
ces preſentes auec leſdits precedens
Edicts & declarations ils facent lire,
publier & regiſtrer, gardent, entre-
tiennent & obſeruent, facent auſſi
garder, entretenir & obſeruer en l'e-
ſtédue de leur reſſort inuiolablemét
ſans y côtreuenir, ne permettre qu'il
y ſoit attenté ou contreuenu dire-

étement ou indirectement, pour quelque cauſe ou pretexte, & par quelque perſonne que ce ſoit : ceſſant & faiſant incontinent ceſſer, reparer & reſtituer toutes choſes à ce contraires : Car tel eſt noſtre plaiſir. En teſmoin dequoy nous auons fait mettre noſtre ſeel à ces preſentes. Données à Paris le dixhuictieſme iour de Ianuier, l'an de grace mil ſix cens treize, & de noſtre regne le troiſieſme. Signé, L O V I S.
Et ſur le reply, Par le Roy eſtant en ſon Conſeil, la Royne Regente ſa mere preſente.

D E L O M E N I E.

Et ſcellees ſur double queuë du grád ſeau de cire iaune.

OVIS par la grace de Dieu, Roy de France & de Nauarre. A nos amez & feaux Conseillers, les gens tenans nostre Cour de Parlement à Paris, salut. Par nos lettres patentes de Declaration du vingthuictiesme Ianuier dernier, Nous auons en confirmant les Edicts du feu Roy nostre tres-honoré seigneur & pere (que Dieu absolue) & autres nos Declarations sur le faict des Duels, assez amplement faict entendre nos vouloirs & intentions sur l'execution d'iceux, & la punition des contrauentions & desobeissances qui s'y font iournellement, y ayant

C

adiousté ce que dessus par l'aduis de
la Royne Regente nostre tres-honorée Dame & mere, des Princes de
nostre sang, autres Princes, Officiers
de nostre Couronne, & plus notables personnages de nostre Conseil,
Nous auons estimé estre à propos
pour arrester le cours des malheu-
reux accidens & inconueniens qui
en sont trop souuent arriuez, & arri-
uent encore chacun iour, lesquels
nous nous estions promis deuoir ces-
ser apres la publication de nosdites
Lettres si elle s'en fust ensuiuie. Depuis ayant entendu les raisons & có-
siderations pour lesquelles vous auez
differé iusques à present ladite publication, Nous du mesme aduis, de nostredite Dame & mere, des Princes
de nostre sang, autres Princes & Officiers de nostre Couronne & de nostre Conseil, Auons de nouueau &

d'abondant dit & declaré, difons & declarons par ces prefentes pour ce fignées de noftre main, que nous ne voulons & n'entendós pour quelques caufes & confiderations qui foient ou puiffent eftre: donner aucunes graces, remiffions, ny abolitions à ceux qui contreuiendront, foubs quelque couleur, pretexte ou occafion que ce foit aufdits Edicts & Declarations fur le faict des Duels, combats & rencontres, appels,& autres chefs y contenus & fpecifiez: ains qu'il foit procedé extraordinairement, & felon la rigueur de nos Edicts & Declarations contre les côtreuenans, ceux qui les retireront, recelleront, affifteront, & auront en leur puiffance: Lefquels feront tenus & contrains par les mefmes peines & rigueurs, & autres plus grandes s'il y efchet, de les mettre en Iuftice. De-

fendons à tous Iuges de rien entre-
prendre au preiudice des presentes:
mesmes au Preuost de nostre hostel
& grand Preuost de France de prendre aucune iurisdiction, ny co-
gnoissance de toutes les contrauentions qui pourroient estre faictes
à nosdits Edicts & Declarations pour
le faict des Duels, & de tout ce qui
en despend, sur peine de nullité, cas-
sation des procedures , & de tous
despens, dommages & interests pour
les parties qui auroient poursuiuy.
Voulons en outre, & nous plaist, que
si au preiudice des presentes ledit
Preuost de nostre hostel ou autres
Iuges en auroient prins cognoissan-
ce, que ce nonobstát nos Procureurs
generaux , leurs Substituts, & parties
interessees, leurs veufues & heritiers
soient receus à poursuiure les cou-
pables & complices, qui ne pourront

ny leurs veufues & heritiers preten-
dré extinction de crime par laps de
vingt ans , ny autre temps .

Si vous mandons & ordonnons,
que nos fufdites lettres de Declaration & ces prefentes , enfemble lef-
dits Edicts & Declarations prece-
dents, vous ayez à faire lire & publier, & le contenu d'iceux inuiola-
blement executer , garder & obfer-
uer de poinct en poinct felon leur
forme & teneur, & que des amendes
qui nous feront adiugees , le tiers foit
appliqué pour la nourriture & entre-
tenement des pauures enfermez en
cefte noftre ville de Paris, & faulx-
bourgs d'icelle. Enioignant à noftre
Procureur general en noftredicte
Cour faire toutes requifitions & diligences neceffaires pour ladite publication & execution. Car tel eft
noftre plaifir. Donné à Paris le qua-

torziefme iour de Mars, l'an de grace mil fix cens treze, & dē noftre regne le troifiefme.

Signé, LOVIS.

Par le Roy eftant en fon Confeil, la
Royne Regente fa mere prefente.

DE LOMENIE.

Et feellee du grand feau de cire iaul-
ne, fur fimple queuë.

*Leuës, publiees & regiftrees, oy & ce
requerant le Procureur general du Roy.
Ordonne la Cour que coppies collation-
nees feront ennoyees aux Bailliages & Se-
nefchauffees pour y eftre leuës, publiees,
regiftrees & executees à la diligence des
Subftituts du Procureur general du Roy,
qui en certifieront la Cour au mois: Et fi
au preiudice d'icelles aucunes lettres d'a-
bolition eftoient addreffees au Preuoft de
l'hoftel & iugemens par luy donneZ: no-
nobftant lefdites lettres, les iugemens &*

procedures seront nulles, comme telles caf-
sees, & procedé contre les coulpables sui-
uant les Edicts & declarations du Roy:
sans que les contumax soient receus à se
purger qu'en payant le tiers des amendes
adiugees contre eux, applicable aux pauures enfermez sans repetition.

A Paris en Parlement le xviij. Mars
mil six cens treize.

Signé   VOISIN.